UN TOUR D'EUROPE
EN ÉNIGMES

LES AUTEURS

Mariés, Peter Knorr et Doro Göbel vivent
avec leurs deux filles à Nierstein, sur le Rhin.
Tous deux sont illustrateurs pour enfants.
Doro Göbel développe en outre des jeux et des activités
manuelles pour la télévision. Avec *Un tour d'Europe en énigmes*,
ils signent leur premier ouvrage commun.

Pour Paula et Lotte.

Éditorial :
François Martin

Direction artistique :
Guillaume Berga

Maquette :
Jean-Baptiste Bertholom

Titre original :
Maiers grosse Rätselreise

ISBN 978-2-7427-6855-4

Loi 49-956 du 16 juillet 1949
sur les publications destinées à la jeunesse.

UN TOUR D'EUROPE EN ÉNIGMES

Écrit et illustré par
PETER KNORR ET DORO GÖBEL

Traduit et adapté de l'allemand par
ISABELLE LIBER

ACTES SUD JUNIOR

SURPRISE !

C'est dimanche. La famille Buissonnière prend tranquillement son petit-déjeuner quand on sonne à la porte. Un télégramme !
M. Buissonnière lit à haute voix :

Chère famille Buissonnière - stop - vous avez gagné - stop - premier prix - stop - voyage en famille avec Charivari - stop - départ demain 8 heures - Parc des expositions - stop - félicitations des Voyages Charivari - stop

Mais comment est-ce possible ? Ils ont gagné un voyage ?! Qui a bien pu participer au concours ? Bastien et Basile, les jumeaux, évidemment. Aussitôt, les deux garçons hurlent le slogan publicitaire qui leur a permis de remporter le premier prix : « À Paris, à Cracovie ou Rimini, vive les vacances avec Charivari ! »
M. Buissonnière est dans tous ses états. Mme Buissonnière pâlit. Elle n'aime pas beaucoup voyager. Et encore moins quand elle ne connaît pas la destination. Avec toute cette agitation, même Clémentine se sent obligée de lever le nez de son bol de céréales. Mais pour elle, pas question de partir en voyage avec les deux monstres qui lui servent de frères ! Elle préfère cent fois rester toute seule à la maison. Après tout, elle va bientôt avoir douze ans.
Malheureusement, M. et Mme Buissonnière ne sont pas de cet avis. S'ils partent, c'est tous ensemble. Pas de discussion ! La décision est prise : toute la famille sera du voyage. Y compris Croquette, la petite chienne.
Résignée, Clémentine décide de tirer malgré tout le meilleur parti de la situation : elle tiendra un journal pendant le voyage pour montrer au monde entier ce que Clémentine Buissonnière, dite Clem, est capable d'endurer.
Car bien des aventures attendent les Buissonnière. Vous voulez savoir lesquelles ? Le journal de Clémentine vous attend… Tournez la page et aidez toute la famille à résoudre les nombreuses énigmes !

Pour savoir si vous avez vu juste, vous pourrez consulter les solutions p. 52.

DÉCOLLAGE !

Non, vraiment ! C'est quoi, ce voyage ? Depuis des heures, nous attendons sur la pelouse du Parc des expositions et personne de l'agence Charivari n'est encore venu nous chercher. Ma mère pense qu'il vaudrait mieux rentrer à la maison et, pour une fois, je suis d'accord avec elle. Mais… ? Qu'est-ce que c'est que cet étrange grondement dans le ciel ?
Un avion biplan rouge vif se pose sur la pelouse. Il date au moins de la préhistoire ! Un homme déguisé en aviateur descend de l'appareil.
– Famille Buissonnière ? demande-t-il.
Tout le monde hoche la tête. Sauf Croquette, qui joue les chiens féroces.
– Arek Kowalski, pour vous servir ! dit-il avec un drôle de sourire, et il demande : Charivari ?
Nouveau hochement de tête. M. Kowalski montre alors son avion du doigt. Ma parole, il veut nous faire monter à bord ! Ma mère s'apprête à tourner les talons, mais les jumeaux sont déjà dans l'appareil. Il ne nous reste plus qu'à faire la même chose… Au moment de décoller, notre pilote marmonne quelques mots. Je comprends seulement *« Kraków »*. *Kraków ?* Qu'est-ce que cela peut bien vouloir dire ?

À CRACOVIE ON PARLE POLSKI

C'est le nom polonais de Cracovie… Oh la *laski* ! Maman est devenue toute pâle quand elle a vu où voulait atterrir M. Kowalski : au beau milieu de la *Rynek*, la place du grand marché de Cracovie !
Mais il y règne une telle agitation que personne ne nous remarque. Aujourd'hui, c'est le jour du marché aux oies. Des saltimbanques font leur numéro entre les cages. Au milieu de tous ces gens qui parlent en « -ski », il y a de quoi se sentir perdu. Arek Kowalski sourit. Je me demande s'il ne se moque pas un peu de nous. Il tire une grosse pomme de terre de la poche de son blouson d'aviateur :
– *Grube Kartofle*, dit-il. Puis il ajoute : *Nowy transport.*
Et, en nous faisant un petit signe de la main, il disparaît dans son biplan.
Nowy transport – nouveau transport ?! Eh bien, les parents n'ont qu'à s'en occuper ; moi, je dois retrouver les jumeaux. Ils ont disparu dans la foule depuis un bon moment et sont sûrement déjà en train de faire des bêtises !

Pour remettre de l'ordre dans le chaos de Cracovie, regardez p. 8-9.

EN ROUTE POUR BERLIN AVEC LA « GROSSE POMME DE TERRE »

Grube Kartofle ! Quelle rigolade ! La « Grosse Pomme de Terre », c'est une association de petits agriculteurs de la région de Cracovie. Vous avez sûrement vu leur stand sur le marché ! Après notre arrivée, mon père est tout de suite allé les voir avec la pomme de terre de M. Kowalski. Et aussitôt, l'un des membres de l'association lui a demandé :

– Monsieur Buissonnière ?

– C'est bien moi ! a répondu mon père bravement.

Alors le vieux bonhomme a montré du doigt son tracteur.

– Non ! a soupiré ma mère.

– Si ! ont hurlé les jumeaux en sautant de joie.

– Semaine verte de Berlin ! a grogné l'agriculteur.

J'ai du mal à le croire, mais nous voilà vraiment en route pour la grande foire agricole de Berlin. L'agriculteur et sa femme nous ont trouvé une place dans la remorque surchargée de leur tracteur, entre les pommes de terre et les choux ! Pendant que j'écris, nos deux guides ont une étrange conversation avec mon père : la femme sort un ballon de sa poche, le gonfle, et l'homme le montre du doigt en disant :

– C'est le *nowy transport* à Berlin, dans le parc du Tiergarten !

Ma mère écarquille les yeux, je crois qu'elle va tomber dans les pommes.

Pour savoir ce qui attend la famille Buissonnière à Berlin, regardez p. 10-11.

CRACOVIE Sur la place du grand marché, c'est le chaos : treize oies se sont échappées de leurs cages. Mais pour une fois, les jumeaux n'y sont pour rien. Qui a bien pu provoquer un tel désordre ? Et où sont les oies que les marchandes doivent retrouver au plus vite ?

BERLIN Les Berlinois aiment se retrouver pour se détendre et pique-niquer au Tiergarten, un grand parc de la capitale allemande. Entre les couvertures, les serviettes et les parasols, une montgolfière attend, prête à s'envoler. Eh oui, c'est elle qui doit emmener les Buissonnière vers leur nouvelle étape. Les parents sont déjà là, mais où sont les enfants ?
Et comment peuvent-ils rejoindre la montgolfière à travers ce labyrinthe ?
Attention : ils ne doivent marcher que dans l'herbe. Et il n'est pas question d'oublier Croquette !

LA TÊTE DANS LES NUAGES JUSQU'À AMSTERDAM

Vous vous en doutez : ça a été toute une histoire pour faire grimper ma mère dans cette montgolfière.
– Sans moi ! a-t-elle déclaré, fermement décidée à passer le restant de ses jours à Berlin.
Pour finir, il a fallu ruser. Les jumeaux étaient déjà dans la nacelle et, sur un signe de mon père, ils se sont mis à pousser des cris affreux : aussitôt, ma mère s'est précipitée à bord pour séparer les deux coqs de combat.
Lentement, la montgolfière s'est élevée dans les airs. Mais pour aller où ?
– Aucune idée ! a dit le pilote de la montgolfière. Où voudra la providence !
Où voudra la providence ? Le vent souffle et nous pousse jusqu'aux Pays-Bas. Notre montgolfière se pose en plein centre d'Amsterdam. Avant de nous quitter, le pilote nous tend un prospectus sur lequel est écrit : *Fiets te huur,* et déclare :
– Trouvez Piet !
– C'est un vrai voyage mystère, soupire mon père.
Je n'ai pas le temps de l'aider. Il faut d'abord que je m'occupe de Croquette, qui gémit et tire sur sa laisse.

Pour découvrir ce qui tracasse Croquette à Amsterdam, regardez p. 14-15.

NE PERDONS PAS LES PÉDALES !

Fiets te huur, cela signifie : Vélos à louer, en néerlandais. Le patron de la boutique nous attend sur le seuil. C'est un vrai géant, mais il a l'air plutôt sympathique. Il nous tend sa grosse main en souriant.
– *Goedendag,* famille Buissonnière ! Je m'appelle Piet, dit-il de sa voix de bon gros géant. *Met Piet en de fietsen naar Parijs.*
Comme nous le regardons sans comprendre, il explique :
– Piet vous emmène à vélo jusqu'à Paris !
Tout d'un coup, je le trouve beaucoup moins sympathique…
Mon père saute presque de joie. Le vélo, c'est son truc. C'est d'ailleurs l'une des choses qui le différencient de ma mère.
– Pardon ? s'exclame-t-elle. Paris se trouve au moins à cinq cents kilomètres d'ici ! Il y a des limites à tout, quand même !

Mais cela ne sert à rien de râler. Piet nous fait quasiment monter de force sur les vélos.
– *Kom, kom !* lance-t-il, et toute la famille le suit à la queue leu leu, comme des petits canetons derrière leur maman canard.
Je me demande bien si nous arriverons un jour à Paris…

UN PETIT TOUR À PARIS

Hourra ! On a réussi. Piet s'arrête sur un pont de Paris. Une course d'obstacles à vélo baptisée « Le petit Tour de France » s'y déroule. Ça oui ! C'est vraiment un truc pour les petits – et devinez qui veut absolument y participer…
Pour ma part, j'ai fait assez de sport comme ça. Même mon père montre des signes de fatigue. Et ma mère s'inquiète : que va encore nous réserver notre voyage ? Piet, lui, se contente de sourire.
– Soyez heureux comme des poissons dans l'eau ! dit-il en enfourchant son vélo pour rentrer à Amsterdam.
Heureux comme des poissons dans l'eau ? Je commence à comprendre comment fonctionnent les voyages de l'agence Charivari : notre nouveau compagnon de route doit avoir un rapport avec le poisson ! Bon, c'est facile : il suffit de regarder dans la Seine.

Pour deviner comment la famille Buissonnière quittera Paris, regardez p. 16-17.

PANIQUE AU LOUVRE

Raté ! Les poissons de Charivari ne nageaient pas dans la Seine. Ils étaient déjà pêchés et n'attendaient plus que d'être mangés. Vous les avez repérés ?
Eh oui ! Lars, le poissonnier ambulant qui se trouvait sur le pont, nous emmène jusqu'à Hambourg dans sa camionnette. Mais comme nous ne partons que demain pour le grand port d'Allemagne du Nord, ma mère s'exclame, ravie :
– Il nous reste assez de temps pour le Louvre ! Il y a justement une exposition consacrée à la tour Eiffel vue par les peintres.
Je crains le pire…

Pour visiter le musée du Louvre avec Clémentine, regardez p. 18-19.

JOE'S
16
18
Coffe
Feineken

AMSTERDAM Les Buissonnière ont cherché *Fiets te huur* dans toutes les rues d'Amsterdam. Enfin ! M. Buissonnière a trouvé une piste. Et vous ? Ça alors ! De gros goudas ont envahi les rues. D'où viennent-ils et que s'est-il passé ? Si vous êtes gourmand, vous saurez retrouver les vingt-six fromages perdus. Quant à Croquette, vous avez deviné pourquoi elle s'enfuit soudain en jappant ?

1
6
5

PARIS Il n'y a pas que les jumeaux qui sont passionnés par le Tour de France ! Les enfants de la maternelle « Les coccinelles » sont aussi venus voir le spectacle, mais huit d'entre eux se sont éloignés. Leur institutrice a besoin de votre aide pour les retrouver. Impossible de les rater : ils portent des casquettes rouges à points noirs ! Au fait, vous avez deviné comment les Buissonnière quitteront Paris ?

PARIS, LE LOUVRE

À peine les Buissonnière ont-ils pénétré dans le plus célèbre musée de Paris qu'une alarme retentit. Un tableau a été dérobé. Où était-il accroché ?

Vous avez trouvé
le voleur ? Comment
peut-il sortir de la salle
sans se trouver nez
à nez avec les gardiens ?
Il a sûrement un complice…

DES SARDINES EN BOÎTE VONT À HAMBOURG

Lars et son associé sont montés à l'avant de la camionnette, tandis que nous faisons le voyage à l'arrière, entre les bacs de harengs et de sardines. Quelle odeur !

Enfin, on s'arrête. J'ouvre la porte de la camionnette pour respirer un peu d'air frais et je n'en crois pas mes yeux. Devinez où Lars nous a déposés !
Au marché aux poissons ! Mais le pire, c'est qu'avant de repartir vers Paris dans sa camionnette chargée, Lars nous demande :
– Vous connaissez l'auteur de *La Petite Sirène* ?
Ma parole, il ne peut pas penser à autre chose qu'au poisson, celui-là ! J'ai bien envie de le transformer en sushi ! Et d'abord, qu'a-t-il bien pu vouloir dire ?
Peu importe, j'ai faim. Je vais chercher quelque chose à manger : tout, sauf du poisson ! Une banane, peut-être. Aïe ! Mais qu'est-ce qui vient de me tomber sur la tête ? Oh non, ce n'est pas possible !

Pour improviser une partie de pêche à Hambourg, regardez p. 22-23.

CAP SUR LE GRAND NORD

« Hardi, moussaillons ! », c'est ainsi que les pêcheurs Henrik et Knut nous ont tirés du lit chaque matin pendant notre traversée à bord du *Andersen*. Le chalutier porte le nom du célèbre auteur de contes. Notre destination : les îles Lofoten, en Norvège. Vous ne savez pas où c'est ? Eh bien, pour vous donner une idée, je peux vous dire qu'il n'y a pas plus au nord. Ils sont fous, chez Charivari !
Il faut quand même avouer une chose : ils ont des collaborateurs partout, même sur cet îlot perdu. À peine avons-nous rejoint la terre ferme que quelqu'un s'écrie :
– *Oh my goodness*, les Buissonnière !
Devant nous se dresse un drôle de bonhomme affublé d'un bonnet de laine rouge : Duck Long, un ornithologue anglais.
– *I'll take you home*, promet-il.
Nous ramener à la maison ? Maman saute déjà de joie. Malheureusement, elle s'est réjouie trop vite. C'est en effet à Londres que Duck veut nous emmener. Chez lui !

Auparavant, nous avons droit à un petit cours d'ornithologie :
– *You know* le dodo ? *Well,* cela fait longtemps que cet oiseau a disparu, *because* il ne savait pas voler et en plus, il était délicieux rôti. Le dernier exemplaire empaillé au *Museum of Oxford,* ce sont les mites qui s'en sont régalées ! Ici, c'est le seul endroit où vivent encore ses cousins éloignés.
Duck veut absolument photographier les spécimens présents sur l'île et nous devons l'y aider. Attention, le petit oiseau va sortir !

Pour aider l'ornithologue Duck Long dans ses recherches, regardez p. 24-25.

DANS LES BRUMES DE LONDRES

Nous accostons à Londres en plein brouillard. Depuis son navire océanographique, Duck agite la main en guise d'adieu et lance :
– *Well, nice weather* aujourd'hui, pas vrai ? *But* avant que j'oublie : *here is the address* où vous trouverez l'avion Charivari. *Do you know Mac Donald ?*
– Youpi ! s'écrient les jumeaux, qui rêvent déjà d'une énorme portion de frites ! Mais l'adresse que Duck nous a donnée n'est pas celle d'un fast-food. Il s'agit de l'hôtel tenu par Mr et Mrs Mac Donald. L'immeuble a bien besoin d'une cure de remise en forme – tout comme les clients de l'hôtel, qui ne sont pas de la première jeunesse...
Lord et Lady Porridge, par exemple, doivent être au moins centenaires. Nous avons fait leur connaissance le soir de notre arrivée, au dîner.
– *Oh, how nice, you are family Charivari, aren't you ?*
– *No, no, we're Buissonnière !* a corrigé Papa. *Charivari is our travel agency.*
Les Porridge sont très gentils, mais on s'ennuie vite en leur compagnie. J'ai préféré aller prendre l'air avec Croquette. En courant, un homme en pardessus a failli trébucher sur ma chienne. La pauvre ! J'ai fait le tour du pâté de maisons et quand je suis revenue, j'ai eu l'impression d'être dans un film : la police avait cerné l'hôtel !

Pour savoir ce qui s'est passé à l'hôtel, regardez p. 26-27.

HAMBOURG Au marché de Hambourg, il pleut des poissons ! Une caisse de harengs que les dockers étaient en train de décharger s'est écrasée au sol. Les mouettes n'ont pas raté une si belle occasion. Mais comme elles ont eu les yeux plus gros que le ventre, elles sont obligées de lâcher en plein vol les harengs trop lourds pour elles. Il y avait trente poissons dans la caisse. Pourrez-vous tous les retrouver ?

ANDERSEN
dseekrabben
HARRY'S FISCHPAR
Räucher-Aal
FRISCH FISCH
HAMBURG

ANDERSEN

LES ÎLES LOFOTEN Les Buissonnière sont à la recherche du *Dodo cameleonus*. Duck leur montre l'une des photos qu'il a déjà prises de cet oiseau très rare. Mais le dodo est difficile à repérer, car ses plumes prennent la couleur de ce qui l'entoure. Huit *Dodo cameleonus* vivent sur cette petite île. Où se sont-ils cachés ?

LONDRES Un voleur s'est emparé des bijoux de Lady Porridge ! Les jumeaux ont aperçu une silhouette sombre qui s'enfuyait par la lucarne du grenier de l'hôtel, un sac à dos noir à la main. Les policiers ont arrêté un suspect dans une rue toute proche, mais ils n'ont aucune preuve contre lui : l'homme a les mains vides. Il a dû cacher le sac à dos noir en chemin… Mais où ? Aidez les policiers à le retrouver.

LE CHASSE-NEIGE VOLANT

Vous vous en doutez, le lendemain matin à l'hôtel, tout le monde ne parle plus que du vol :
– *O dear, my jewelry,* se lamente Lady Porridge.
Je ne suis pas très forte en anglais, mais j'ai quand même compris ce qui s'était passé : la police a réussi à arrêter le suspect que Bastien et Basile avaient aperçu. On a même retrouvé son sac à dos sur un toit, mais il ne contenait qu'une boîte à bijoux vide. Personne ne sait où se trouvent les bijoux de notre lady. Le voleur avait peut-être un complice…
La vieille dame nous raconte son histoire pour la dixième fois quand Lord Porridge entre dans la salle de restaurant avec une casquette et des lunettes d'aviateur. Il nous fait signe de le suivre et nous conduit jusqu'à la Tamise.
Un drôle d'appareil tout rouillé est posé sur l'eau : de très loin, il ressemble à un hydravion, et de près, à un gros chasse-neige volant !
Lord Porridge nous explique fièrement :
– *This is my first aeroplane, you know ?*

Qui l'aurait cru ? Ce vieux monsieur tranquille est constructeur d'avions ! Dans le premier prototype de sa conception, il nous emmène à Budapest, la capitale hongroise, où il veut rendre visite à un vieil ami et client. Je n'ai pas besoin de vous dire ce qu'en a pensé ma mère…

DES CLIENTS AIGRIS EN HONGRIE

Le soir de notre arrivée à Budapest, nous n'avions plus qu'une seule idée en tête : manger. Heureusement, Lord Porridge avait déjà tout prévu : il nous a tout de suite emmenés dîner au célèbre restaurant « New York ». Près de la seule table encore libre, un homme bedonnant nous attendait déjà. En nous voyant, il s'est aussitôt lancé dans un charabia franco-italien :
– Ah, *Contessa* Porridge et *il Conte,* bienvenue ! Et vous êtes la *famiglia* Buissonnière, mes *nuovi amici* ! *Sono Carlo ! Ecco, la mia* chatte Topolina.
(Ce qui veut dire « petite souris » !) Ah, Charivari est *fantastico* !
Il parlait sans reprendre son souffle et je commençais à avoir mal à la tête.

Heureusement, le serveur a enfin apporté le repas. Mais Carlo s'est alors écrié, hors de lui :

– *Catastrofale !*

Le serveur était dans ses petits souliers…

Pour réparer les erreurs commises par le serveur, regardez p. 30-31.

LE JEU DU CHAT ET DE LA SOURIS DANS LES RUINES DE ROME

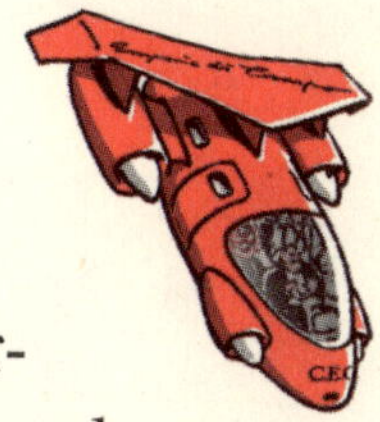

Vous ne devinerez jamais comment nous sommes allés à Rome. Carlo a une *sky car*, la dernière invention de Lord Porridge. C'est une voiture ultramoderne… capable de voler ! Quel inventeur, ce lord !

Carlo est un tel moulin à paroles que ma mère n'a même pas remarqué qu'elle montait dans un objet volant non identifié. Mais quand l'engin a décollé, elle s'est évanouie. Pauvre maman !

Nous atterrissons au beau milieu du Forum romain. Une gigantesque équipe de coiffeurs, de maquilleuses, de stylistes et de techniciens s'active pour une séance de photos de mode entre les ruines. Car Carlo est un couturier célèbre, et on ne peut pas dire qu'il soit modeste :

– Je suis Carlo Emporio di Campo ! Ma marque *di moda* CEC est connue dans toute l'*Italia* ! répète-t-il à qui veut l'entendre.

Le photographe, c'est Augustin Matic, l'homme avec un petit chapeau sur la tête. Évidemment, c'est aussi un *amico* de Charivari. Au moins, nous savons déjà avec qui nous poursuivrons notre voyage. Mais pourquoi Carlo se met-il tout à coup à vociférer ?

Pour calmer le grand couturier, regardez p. 32-33.

BUDAPEST Scandale au célèbre restaurant « New York » : à la table des Buissonnière, personne n'a eu ce qu'il avait demandé ! Quel est le serveur qui a inversé les commandes ? Un indice vous montre qu'il est bien tête en l'air… Et où se trouvent les plats commandés ? Regardez bien sur les tables voisines pour rendre à chacun son repas !

Emporio di Campo
C.E.C.
Emporio di Campo
C.E.C.
CEC

ROME Topolina, la petite chatte du célèbre couturier Carlo Emporio di Campo, a disparu dans les ruines du Forum romain. Comment retrouver l'animal dans cette foule ? Comble de malchance, l'endroit grouille de chats qui ressemblent comme deux gouttes d'eau à Topolina ! Mais la chatte de Carlo est la seule à posséder les rayures que vous voyez sur le dessin. Où s'est-elle cachée ?

QUEL CIRQUE À PRAGUE !

Quel voyage ! Dans son vieux minibus bringuebalant, Augustin nous a emmenés jusqu'à Prague. Il doit y photographier la parade du célèbre cirque Svet sur le non moins célèbre pont Charles.
Mais quand nous arrivons au cirque, l'endroit est désert : les tentes et les roulottes sont complètement vides.
– Hou hou, il y a quelqu'un ? crie mon père.
Rien.
– On va faire un tour ! lancent les jumeaux et, en moins de temps qu'il n'en faut pour le dire, ils ont disparu entre les roulottes.
Tout à coup, Croquette se met à grogner furieusement. Et au même moment, Bastien et Basile reviennent en courant. Derrière eux, un énorme tigre surgit, suivi d'un gros bonhomme essoufflé en costume rouge.
– Stop, *tygře* ! rugit l'homme et, sans hésiter une seconde, il saisit l'animal par la peau du cou, puis se dirige vers nous. Vous êtes les Buissonnièrovi ? demande-t-il.
Maman hoche la tête, livide de peur.
– Des voyages Charivari, bredouille-t-elle.
– Ah, formidable ! s'exclame l'homme en nous adressant son plus beau sourire. Je suis le directeur Svoboda ! Bienvenue au cirque Svet. Excusez, nous avons oublié de fermer la cage. Mais tous nos animaux sont absolument inoffensifs ! Et puis, à ce qu'on m'a dit, les Buissonnièrovi sont très courageux, pas vrai ? J'ai une surprise pour vous, venez avec moi !

Pour savoir ce qu'a imaginé le directeur du cirque, regardez p. 36-37.

DEUX PAR DEUX À VIENNE

Vous vous en doutez peut-être, c'est en roulotte que nous avons continué notre voyage, jusqu'à Vienne ! Au moment de nous quitter, le directeur Svoboda nous a donné un flacon de crème solaire auquel était attaché un petit mot :
Pour la suite, rendez-vous chez le magicien
Au parc du Prater, c'est à 12 heures 20.
Ma mère a soupiré, mais mon père a dit :
– Dépêchons-nous ! Il est encore temps d'y arriver !

Et nous avons tellement couru que nous sommes arrivés en avance au Prater, le grand parc d'attractions de Vienne.
On va pouvoir s'amuser un peu. Bastien et Basile sont ravis ! Pendant que mes parents discutent avec le magicien, je vais faire un tour. Mais... ? Au secours ! Un homme en scooter passe en trombe à travers la foule, un cheval de manège sur sa selle. Il a failli écraser deux hommes. Deux hommes ? Ou deux fois le même homme ?

Pour savoir ce qui surprend Clémentine, regardez p. 38-39.

SOUS LE SOLEIL DES BALÉARES

Où suis-je ? Je dois rêver ! Suis-je vraiment allongée sur le sable chaud, au bord de la mer ? Et où est passé le Prater ? Petit à petit, je me souviens de ce qui est arrivé... J'ai encore en tête la voix du magicien : « Mesdames et messieurs, si vous voulez bien fixer maintenant la boule en verre ! » Ensuite, il a pointé son doigt sur sa boule magique, agité sa baguette et lancé :
« Abracadabra, c'est par là, Charivari, par ici ! »
La boule s'est mise à tourner. Et après ? Après, je ne me rappelle plus de rien, sauf que tout à coup, nous nous sommes retrouvés au bord de l'eau.
– Ah, la mer ! soupire ma mère, comblée : le soleil, la plage... Que demander de plus ?...
La pauvre, elle ne peut pas savourer bien longtemps ce moment de calme, car Bastien arrive en pleurant.

Pour consoler Bastien, regardez p. 40-41.

Cirkus
Svět

PRAGUE Grâce au directeur du cirque Svet, les Buissonnière vont pouvoir participer à la grande parade sur le pont Charles.
Chaque membre de la famille a eu le droit de choisir son animal préféré. Lequel ?
Le public, fasciné par le spectacle, ne remarque pas que les quinze singes du cirque font les quatre cents coups ! Qui parviendra à rassembler tous ces coquins avant le début de la représentation ?

VIENNE L'association des jumeaux autrichiens « Deux par deux » a organisé une grande rencontre au Prater. À cette occasion, jumeaux et jumelles se sont habillés exactement à l'identique. Douze « paires » de jumeaux sont déjà au rendez-vous. Saurez-vous les retrouver ?

Attention : frères et sœurs ne sont pas toujours réunis. Cherchez bien, mais ne comptez pas Bastien et Basile, qui ne font pas partie de l'association !

hloss
KASSA
W
Wiener Blut
Wiens ältestes Karussel
1 Fahrt 1€
5 Fahrten 3€

SNACK BAR

LES BALÉARES Sur la plage, tous les enfants jouent avec des crocodiles gonflables. Bastien et Basile en ont eux aussi un chacun. Ou plutôt : ils en avaient un chacun ! Car le crocodile de Bastien a disparu. Que s'est-il passé ? Un indice pour le retrouver : c'est exactement le même que celui de Basile.

QUELQUE PART EN MER

Je commence à en avoir vraiment assez de ces rigolos de l'agence Charivari ! Pour tout vous dire, je me fiche bien de la façon dont nous allons d'un lieu à l'autre ; pour une fois, je voudrais rester plus de cinq minutes au même endroit. Sur la plage, par exemple.
Mais non ! Nous avons à peine le temps de nous installer sur nos serviettes de bain que, déjà, un *capitán* vient nous chercher et nous fait monter à bord de son stupide bateau !
Vous ne devinerez jamais ce qu'il a prétendu ! Il veut nous emmener à Venise, où nous devons rencontrer une marmotte… Le soleil lui a tapé trop longtemps sur la tête, vous ne croyez pas ?

VENISE SOUS LES PROJECTEURS

Enfin à Venise ! Ce n'est pas vraiment l'endroit idéal pour une marmotte : avec toute cette eau, un castor serait plus à l'aise… Mais que vous le croyiez ou pas, au bord du *Canale Grande*, nous avons rencontré une vraie marmotte. C'est la mascotte de l'usine de chocolat suisse Marmotti.
Vous l'avez repérée dans la foule ?
Le personnel de l'entreprise Marmotti est en voyage dans la cité des Doges. Et bien sûr, nous devons poursuivre notre route avec eux ! Cette fois, ma mère ne se laisse pas convaincre si facilement : elle a vu sur une affiche que son acteur préféré serait présent au festival de cinéma qui se déroule en ce moment.
– Il est hors de question que je parte d'ici avant d'avoir vu Johnny Pepp ! déclare-t-elle, sans quitter des yeux le pont Rialto.
Moi, tout ce tralala autour des stars, ça ne m'intéresse pas : je préfère aller faire un tour avec les jumeaux. Mais attendez une minute ! Cet homme, là, avec un pardessus et des baskets blanches qui sort du magasin *Vendita Diretta*, je l'ai déjà aperçu quelque part. Et tous les objets exposés dans la vitrine du magasin, il me semble bien les avoir déjà vus aussi. Quel scoop ! Police !

Pour jouer les détectives avec Clémentine et ses frères, regardez p. 44-45.

CURE DE CHOCOLAT À ZERMATT

Tout va comme sur des roulettes ! Le voleur a été arrêté. En récompense, nous avons même eu droit à un tour de Venise en gondole. C'était tellement romantique !
Maintenant, nous sommes à Zermatt, en Suisse, en compagnie des plus grands spécialistes du chocolat. Ils nous ont proposé de venir visiter leur usine – et de faire une dégustation ! C'est là que nous avons fait la connaissance de la vache Heidi et de Hans, son propriétaire. Nous apprenons que nous allons terminer notre voyage avec eux. Mais avant tout, Heidi est couronnée « meilleure vache laitière de l'année ».
Les jumeaux boudent. Ils n'ont aucune envie de rentrer à la maison, ni à pied ni à cheval, et encore moins à dos de vache ! Ils veulent rester travailler à l'usine pour pouvoir manger du chocolat toute la journée… D'ailleurs, ils s'entraînent déjà. Quand je vois l'état de la chaîne de fabrication, je crains le pire !

Pour rétablir l'ordre à l'usine de chocolat, regardez p. 46-47.

LES RETROUVAILLES

Nous avons pris le train avec Hans pour Munich, où Heidi participera à un grand concours agricole. C'est notre ultime étape avant de rentrer à la maison. Jusqu'à la fin, l'agence Charivari nous aura menés par le bout du nez !
Des milliers de visiteurs se pressent dans les allées de la foire. Grâce à Heidi, nous nous frayons un passage à travers la foule pour atteindre la brasserie *Zur guten Brezel*, « Au bon bretzel ».
– Surprise ! dit Hans, et nous en restons tous bouche bée : autour de la table, il n'y a que des vieilles connaissances !

Pour fêter de joyeuses retrouvailles avec les Buissonnière, regardez p. 48-49.

CAFE
la bienale
di venezia
SERVIZIO
GONDOLE
GELATERIA RIALTO

VENISE Accueil somptueux aux stars de cinéma ! Mais sur le pont Rialto, l'orchestre devrait normalement jouer beaucoup plus fort. Avec toute cette foule, seuls deux des musiciens ont réussi à arriver à temps. Les huit autres sont encore sur le chemin. Où sont-ils ? Et Johnny Pepp ? L'acteur que l'on voit sur une affiche fuit les flashs des photographes. Où se cache-t-il ?

Quant à l'homme en pardessus, les jumeaux ont tout de suite vu qu'il était louche ! D'où peuvent bien provenir les objets qu'il a apportés au marchand et qui sont exposés en vitrine ?

ZERMATT Tout va de travers à l'usine de chocolat ! Sur la chaîne de production, cinq employés ont quitté leur poste de travail. C'est la panique à la cuisson, à l'emballage et au transport ! Où sont les responsables ? Et pourquoi l'une des machines fabrique-t-elle soudain du chocolat à rayures ?

Quant à l'ouvrier de maintenance, il a la tête ailleurs : il laisse traîner ses outils partout. Clémentine en a déjà retrouvé un. Mais il en reste dix autres à découvrir !

Marmotti

Schloss
ZUR GUTEN BREZEL

MUNICH Quelle tablée ! Qui saura reconnaître chacun des convives réunis autour des Buissonnière et se rappeler l'endroit où ils se sont rencontrés ?
Mais il manque un invité ! Lequel ? Regardez bien, il est peut-être dans la foule.
Vous avez l'impression de connaître le groupe de touristes japonais ? C'est que les Buissonnière l'ont déjà croisé.
Mais combien de fois et où ? Il suffit de repérer la guide et son parapluie rouge !

VIVE CHARIVARI !

La surprise était vraiment réussie !
Lord Porridge nous a salués :
– *Well*, le voyage vous a plu ?
Ma mère a ouvert la bouche pour répondre, mais mon père l'a devancée :
– C'était fabuleux ! L'organisation était parfaite ! s'est-il emballé. Mais comment se fait-il que tous les gens que nous avons rencontrés soient ici ?
– C'est simple, a répondu le pilote de montgolfière de Berlin. Tous ensemble, nous formons pour ainsi dire l'entreprise Charivari !
– L'entreprise ? Tu parles d'une entreprise ! a grogné Arek Kowalski.
– *Amici !* Amis ! a claironné Carlo.
Mon père ne comprenait plus rien et il n'était pas le seul.
– *Well, let me* vous expliquer, a repris Duck Long, et il nous a raconté toute l'histoire.
Il y a un an exactement, tout ce petit monde s'est trouvé réuni par hasard à une table de la brasserie « Au bon bretzel ». Ils venaient tous de pays différents, mais ils avaient une chose en commun : ils aimaient voyager et faire découvrir de nouveaux horizons à leurs amis : Londres, Rome ou ailleurs. Ils se sont raconté leurs plus belles expériences de voyage et, à la fin du repas, ils étaient devenus amis. Au dessert, ils ont alors eu cette idée folle : en restant tous en contact, ils pouvaient offrir à quelqu'un la possibilité de faire un grand tour de l'Europe !
L'idée des voyages Charivari était née. Il ne restait plus qu'à trouver une victime. Facile ! Il leur a suffi de faire paraître dans le journal une annonce qui ressemblait à un concours, et les jumeaux ont aussitôt mordu à l'hameçon !
– *Eine tolle Idee !*
– *Ottima idea !*
– *Great !*
– C'est vrai, c'était un voyage magnifique, a soudain déclaré ma mère.
Nous l'avons tous regardée d'un air étonné.

Elle a souri et continué :
– Mais je ne suis pas certaine de faire appel à Charivari pour mon prochain voyage – à moins que je sois sûre de pouvoir vraiment rencontrer Johnny Pepp !
Tout le monde a ri. Ensuite, les membres de la prétendue agence Charivari ont voulu connaître le détail de nos aventures. Il faut dire que chacun n'avait participé qu'à un tout petit bout de notre voyage. J'ai donc posé mon sac à dos sur la table et j'ai commencé à déballer tous les souvenirs que j'avais ramenés, en racontant chaque étape.
Mon journal, en revanche, j'ai préféré le garder secret… Et tout ce que j'ai raconté sur Charivari reste entre nous, d'accord ?!

Voici les souvenirs que Clémentine a rapportés de son périple. Mais où a-t-elle trouvé tous ces objets ? Regardez bien les images, vous la verrez parfois avec ses trouvailles !

SOLUTIONS

Vous avez résolu toutes les énigmes ? Les pages suivantes reprennent toutes les étapes du voyage. Sur chaque illustration, seuls les membres de la famille Buissonnière, leurs compagnons de voyage et les solutions de l'énigme se détachent du fond gris. Les petites étoiles rouges renvoient à l'énigme du sac à dos posée p. 51.

Cracovie (p. 8-9) Le coupable du désordre qui règne sur la place du grand marché est le petit singe des saltimbanques. Il a ouvert les cages des oies. Les marchandes ne sont pas au bout de leurs peines pour toutes les retrouver !

Berlin (p. 10-11) Pour rejoindre la montgolfière, les enfants et Croquette doivent emprunter le chemin indiqué en rouge.

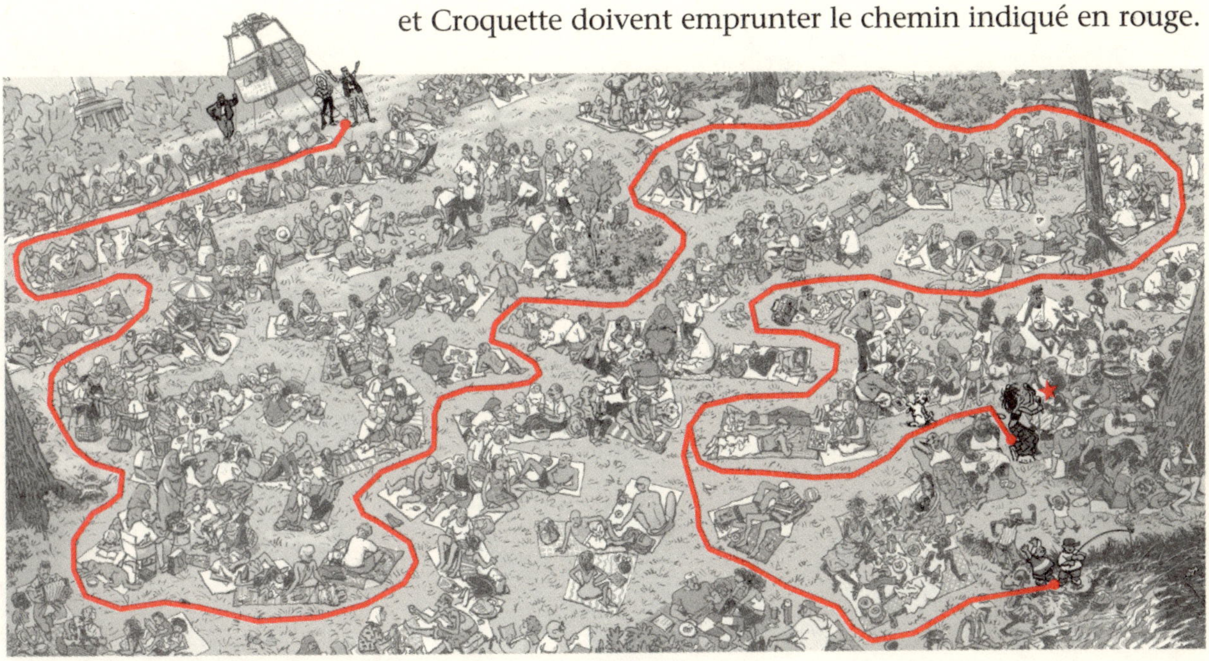

Amsterdam (p. 14-15) M. Buissonnière a découvert un magasin de vélos qui porte le nom *Fiets te huur*. L'un des porteurs de fromages a dérapé sur la peau de banane qu'a jetée Bastien. Et Croquette ? Elle a été mordue par une plante carnivore !

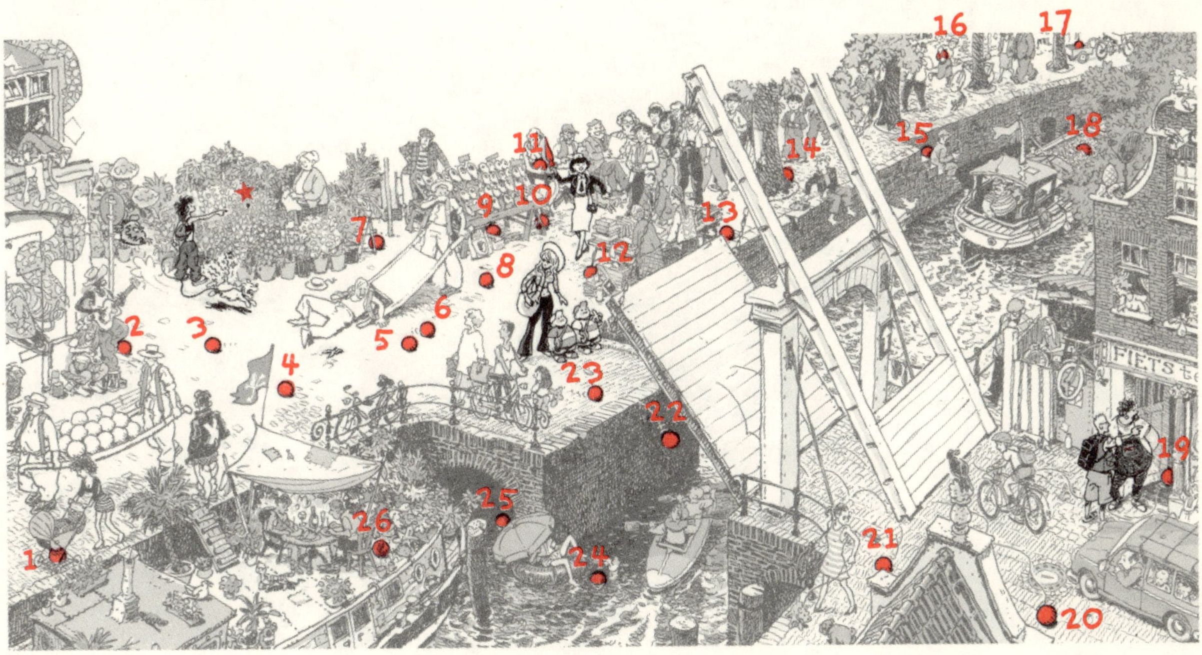

Paris (p. 16-17) Ouf ! Les élèves de la maternelle sont maintenant au complet.

Paris, le Louvre (p. 18-19) À la place du tableau dérobé, le voleur a accroché une représentation de la tour de Pise. Son complice, déguisé en laveur de vitres, l'attend sur son échelle, à la fenêtre.

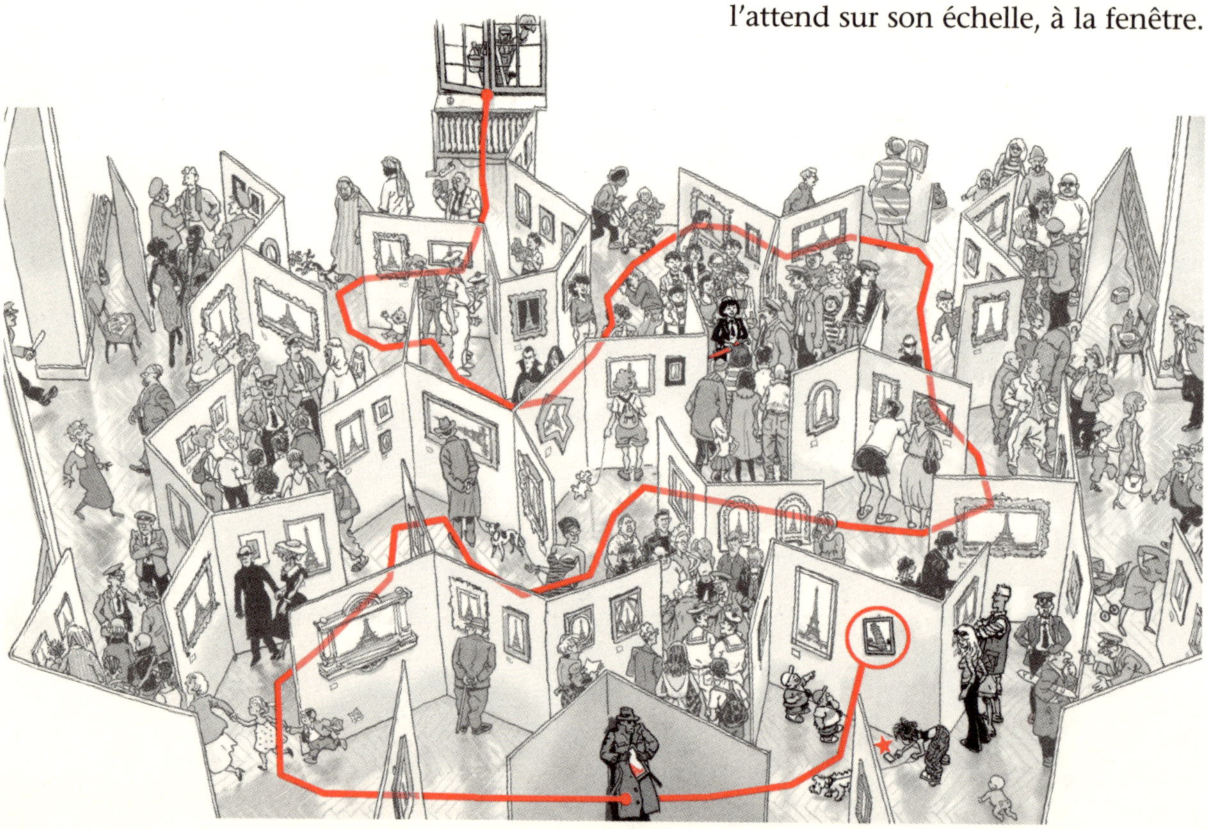

Hambourg (p. 22-23)
Qui a trouvé les trente poissons volants ?

Les îles Lofoten (p. 24-25) Regardez bien ! Vous n'aurez sans doute plus jamais l'occasion d'observer de si près les *Dodo cameleonus* !

Londres (p. 26-27)

Le voleur était un sacré acrobate !

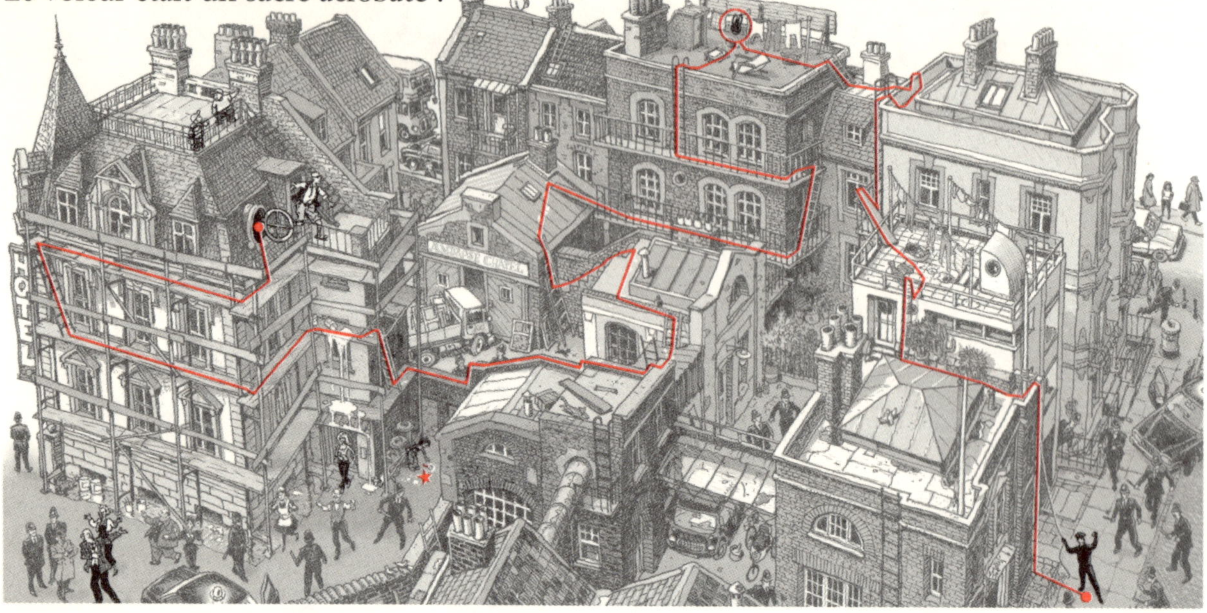

Budapest (p. 30-31)

Le serveur distrait est celui qui s'est rendu en pantoufles à son travail ! (Heureusement, voilà sa tante qui lui rapporte ses chaussures !)

En regardant sur les tables voisines, on peut retrouver les erreurs qu'il a commises :

1. À gauche, les deux enfants avaient commandé des saucisses, comme les autres convives de leur table. Les toasts étaient donc pour Lord et Lady Porridge.

2. Le couple assis derrière la colonne n'a sûrement pas commandé des hamburgers avec le champagne, mais du homard. Les hamburgers étaient donc pour les jumeaux.

3. Croquette préférerait un os plutôt que du poisson, et Topolina serait ravie de faire l'échange !

4. La vieille dame à lunettes a commandé une part de gâteau, comme ses trois amies. La salade est pour Mme Buissonnière.

5. La petite fille voulait une glace, comme toute sa famille. Le jarret de porc est pour M. Buissonnière.

6. Le jeune homme en costume avait commandé des sushis, comme tout le monde à sa table. Les spaghettis étaient destinés à Clémentine.

7. Comme ses amies, la jeune femme avec un chapeau avait commandé un en-cas léger : une pomme. La pizza est donc pour Carlo.

Rome (p. 32-33)

Topolina était bien cachée, n'est-ce pas ?

Prague (p. 36-37)

Les animaux choisis par les Buissonnière sont faciles à trouver, mais pas les quinze petits singes malicieux !

Vienne (p. 38-39)

Ça y est, les deux font la paire !

Les Baléares (p. 40-41)

Quelle honte ! Un petit garçon a pris le crocodile de Bastien parce que le sien était crevé. Il est d'ailleurs déjà dans la poubelle.

Venise (p. 44-45)

Les voleurs ont ici leur propre magasin !

Dans la vitrine, on retrouve :

la tour Eiffel rouge qui provient du Louvre **(p. 19)**,

les bijoux volés à Londres **(p. 27)**
(le complice du voleur les lui a jetés depuis la terrasse où il a laissé son sac à dos),

la robe de CEC dérobée à Rome **(p. 33)**,

et le cheval de manège vu à Vienne **(p. 38)**.

La mascotte fait connaissance avec Croquette.
Et les huit musiciens ? Ils se dépêchent d'arriver au pont !
Quant à Johnny Pepp, il n'est pas si facile de le retrouver. Une affiche qui le représente est collée sur le mur du magasin des voleurs, tandis que l'acteur en chair et en os mange une glace devant un café, de l'autre côté du canal.

Zermatt (p. 46-47)

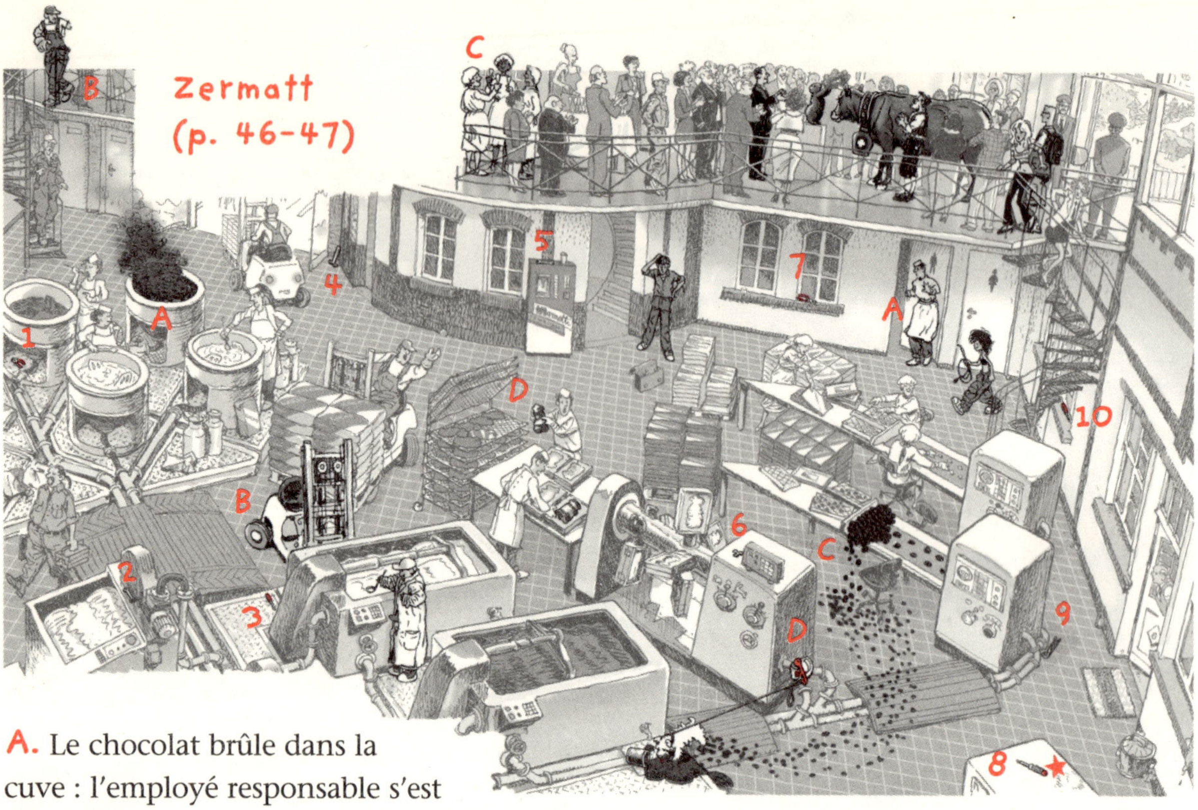

A. Le chocolat brûle dans la cuve : l'employé responsable s'est absenté trop longtemps aux toilettes.
B. Le chariot élévateur gêne le passage : le conducteur s'apprête à descendre l'escalier.
C. Il y a un embouteillage de chocolats sur la chaîne : les trois employées affectées à l'emballage boivent une coupe de champagne dans la mezzanine.
D. Les jumeaux ont attaché Croquette à la manette d'un mélangeur. Quand elle se déplace pour aller grignoter d'un côté ou de l'autre, l'alimentation en chocolat passe du chocolat noir au chocolat blanc, et inversement.
Et les outils ? L'ouvrier mettra un bon moment avant de tous les retrouver (ils sont numérotés de 1 à 10) !

Munich (p. 48-49)

Autour de la table :
1. Carlo Emporio di Campo **(p. 31 et 32)**, **2.** les agriculteurs de Cracovie **(p. 9)**, **3.** Lady et Lord Porridge **(p. 26 et 31)**, **4.** le pilote Arek Kowalski **(p. 8)**, **5.** le pilote de montgolfière de Berlin **(p. 10)**, **6.** Henrik et Knut **(p. 23 et 24)**, **7.** le *capitán* **(p. 41)**, **8.** Piet, le Hollandais **(p. 15 et 17)**, **9.** Hans et Heidi **(p. 47)**, **10.** Lars et son associé **(p. 17 et 23)**, **11.** le photographe Augustin **(p. 33 et 36)**, **12.** Duck Long, l'ornithologue **(p. 24)**, **13.** le directeur du cirque tchèque et sa fille que l'on a aperçue en tête du cortège **(p. 37)**, **14.** le directeur de l'usine de chocolat suisse **(p. 45 et 47)**, **15.** le magicien de Vienne **(p. 38)** se trouve encore dans la foule.

Les Buissonnière ont rencontré le groupe de touristes japonais cinq fois : à Amsterdam, à Paris (au Louvre), à Rome, à Vienne et à Venise.

Dans le sac à dos de Clémentine (p. 51)

Pour chaque étape du voyage, Clémentine a ramené un objet. Chacun des souvenirs représentés **p. 51** figure aussi sur l'une des pages illustrant une étape. Dans les solutions, une petite étoile rouge ★ permet de les repérer sur chaque illustration.

1. Un œuf d'oie de Cracovie.
2. Un maracas de Berlin.
3. Une tulipe noire d'Amsterdam.
4. Une casquette coccinelle de Paris.
5. Le panonceau de légende d'un tableau du Louvre.
6. Une maquette de bateau de Hambourg.
7. Une plume de *Dodo cameleonus* des îles Lofoten.
8. Un pinceau de Londres.
9. Des baguettes chinoises de Budapest.
10. Une brosse à cheveux de Rome.
11. Une chéchia rouge de Prague.
12. Un morceau de miroir brisé de Vienne.
13. Un coquillage des Baléares.
14. Une affiche de Venise.
15. Un tournevis de Zermatt.

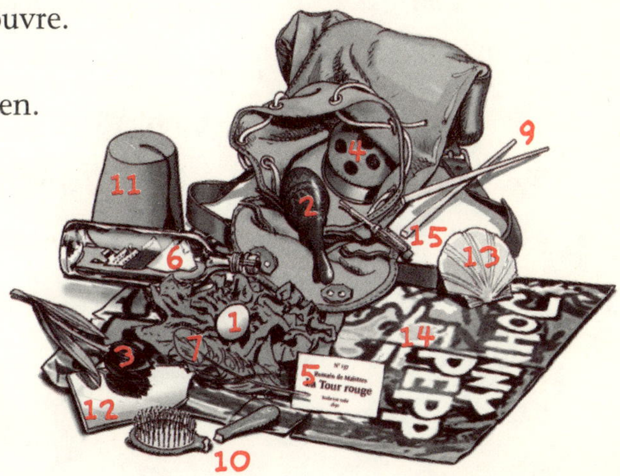

LE TOUR D'EUROPE DE LA FAMILLE BUISSONNIÈRE

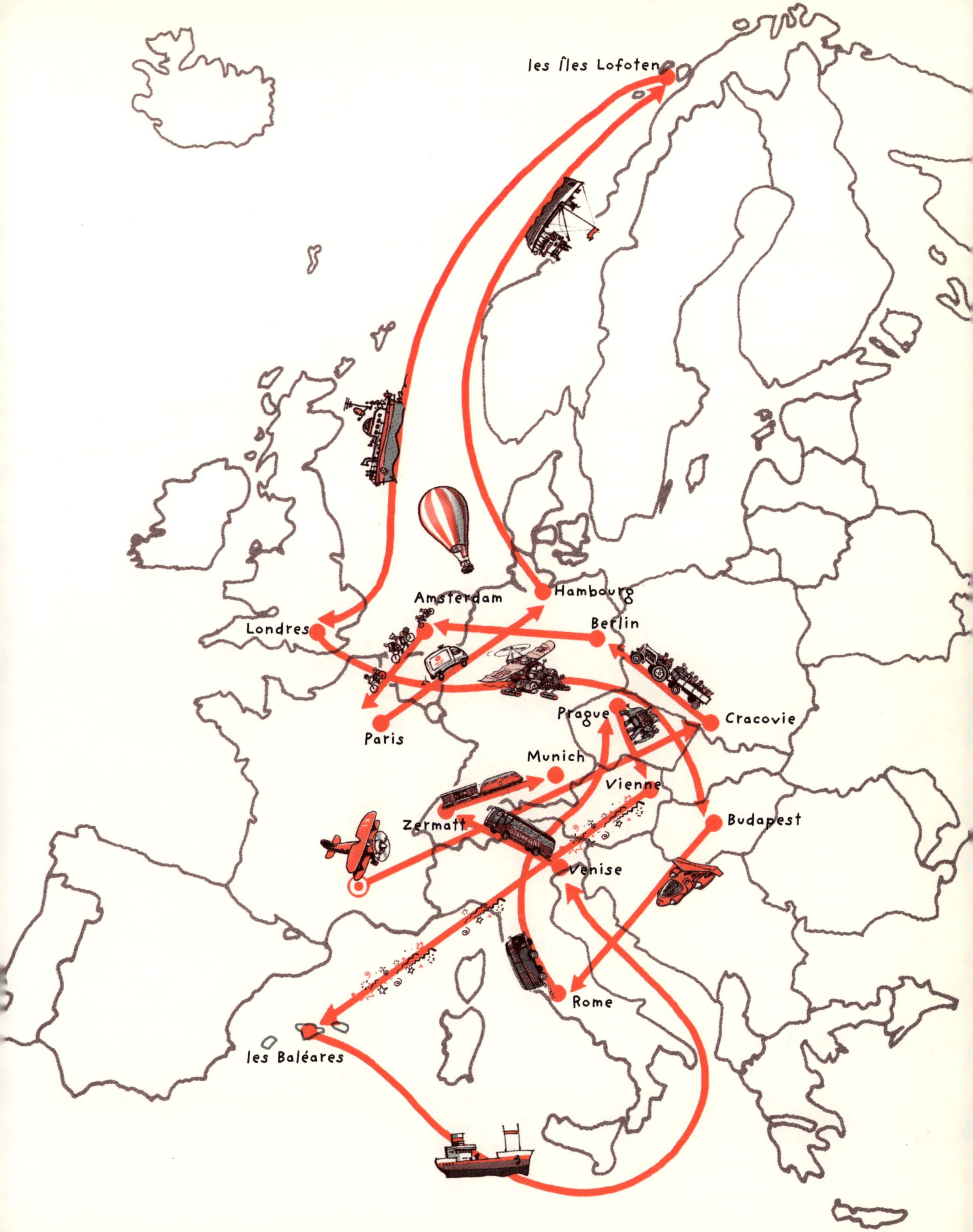

les îles Lofoten
Hambourg
Amsterdam
Londres
Berlin
Paris
Prague
Cracovie
Munich
Vienne
Zermatt
Budapest
Venise
Rome
les Baléares

Reproduit et achevé d'imprimer
en avril 2007
par l'imprimerie Aubin
à Poitiers
pour le compte des éditions
ACTES SUD
Le Méjan
Place Nina-Berberova
13200 Arles

Dépôt légal
1re édition : juin 2007
N° impr. P 70974
(Imprimé en France)